Sinfonía del ayer

TRÁNSITO DE FUEGO

Colección de poesía

Poetry Collection

JOURNEY OF FIRE

Carlos Enrique Rivera Chacón

SINFONÍA DEL AYER

Nueva York Poetry Press LLC
128 Madison Avenue, Oficina 2RN
New York, NY 10016, USA
Teléfono: +1(929)354-7778
nuevayork.poetrypress@gmail.com
www.nuevayorkpoetrypress.com

Sinfonía del ayer
© 2020 Carlos Enrique Rivera Chacón

ISBN-13: 978-1-950474-37-0

© Contraportada:
Julieta Dobles

© Epílogo:
Ana Patricia Urrutia Pérez

© Colección *Tránsito de Fuego* Vol. 11
(Homenaje a Eunice Odio)

© Concepto de colección y edición:
Marisa Russo

© Diseño de portada:
William Velásquez Vásquez

© Diseño de interiores:
Montezuma Rodríguez

© Fotografía del autor:
Archivo personal del autor

© Fotografías de portada e interiores:
Adobe Stock License

Carlos Enrique, Rivera Chacón
Sinfonía del ayer 1a edi-- New York: Nueva York Poetry Press, 2020, 104pp. 5.25" x 8".

1. Poesía costarricense. Poesía centroamericana. 2. Poesía latinoamericana.

Todos los derechos reservados. Esta publicación no puede ser reproducida, ni en todo ni en parte, ni registrada en o transmitida por, un sistema de recuperación de información, en electroóptico, por fotocopia, o cualquier otro, sin el permiso previo por escrito de la editorial, excepto en casos de citación breve en reseñas críticas y otros usos no comerciales permitidos por la ley de derechos de autor. Para solicitar permiso, contacte a la editora por correo electrónico: nuevayork.poetrypress@gmail.com

A mis hijos, compañeros de mis sienes blancas:
Carlos Enrique
Grace Elena
Johanna
Hazel (q.d.g.)
Wendy Vanessa
Raúl Francisco
Ana María
Carlos José

PALABRAS DEL AUTOR

Sinfonía del ayer es un libro dividido en cuatro secciones poéticas enmarcadas en un contexto de la música instrumental selecta, donde cada sección nos conduce a los movimientos de una sinfonía al estilo de Beethoven, donde el *allegro con spirito*, inicia la obra con una fuerza sostenida, pero a la vez vibrante, para lograr que el auditorio centre su pensamiento en lo que escucha.

Así, el poemario, se inicia con nueve poemas en los cuales trato de que el lector se ubique en el contenido y logre continuar la lectura con avidez.

El segundo movimiento de la sinfonía, el adagio, o movimiento lento, consiste en un paseo por los acordes de la música que se interpreta y coloca al auditorio en una especie de descanso después de la fuerza del movimiento anterior.

En mi obra, con ocho poemas, me permito colocar al lector en mi propia experiencia y le ofrezco la oportunidad de vivir la suya, en un gesto empático con la mía.

El tercer movimiento de la sinfonía se conoce como *scherzo*, que significa movido. La orquesta ofrece dulces melodías con interpretaciones rápidas repetidas y significativas, que nos conducen a un cambio de pensamiento después de la calma del adagio.

En el poemario, once poemas ofrecen al lector acciones humanas que, por su contenido, permite colocar al pensamiento en las instancias mencionadas, tratando de disfrutar lo escrito.

En el último movimiento de la sinfonía, el compositor nos ofrece un *allegro fortissimo*, una interpretación triunfante de la obra.

El escucha se sacia tratando de llenar sus pulmones de aire, sonriendo y despidiéndose de su butaca plenamente satisfecho. El compositor espera que así sea y sólo el tiempo le dará la razón.

En el poemario, ofrezco doce poemas de amor. La vivencia del ser humano en el transitar de su vida. Al igual que el compositor de la sinfonía, espero la satisfacción del lector.

Deseo que mis poemas llenen sus expectativas, al igual que el compositor espera que su música cautive el auditorio.

CARLOS ENRIQUE RIVERA CHACÓN

El ayer tiene sonido acompasado
porque sobre sus hombros descansan
los más íntimos acordes
de la sinfónica vida.

Buscando la alegría
Allegro con spirito

HERMANOS

Hermanos,
esta es la poesía,
herencia de los hombres
que cada mañana abrazan su piel.
La palabra para todos.

Poesía.
Metáfora que cautiva
abraza y redime,
para que de cada verso que se siembre
nazca la verdad.

Poesía.
Enigma creador,
fábrica de celajes desnudos,
acuarelas disueltas en el viento
y amor entrelazado con la lluvia
que alimenta el crisol donde se funden
las verdades literarias.

Poesía,
mar encrespado por las olas,
vientos y silampas mañaneras,
que el poeta atenaza,
describe y regala.

EPÍSTOLAS

¿Dónde está la luz
que aviva las conciencias
y justifica el beso y el abrazo?
¿Dónde el último vestigio
de la pureza y la verdad?
¿Dónde las semillas del árbol del tiempo?

¿Dónde las raíces del honor
de las ideas reprimidas,
que fueron grietas disonantes
y dónde las epístolas
que nunca leyeron los hombres
porque fueron escritas en un silencio oscuro?

¿Dónde está todo lo que saben
los seres creativos,
los músicos, los poetas, los pintores,
y dónde cada uno de los paradigmas
nacidos del pensamiento
atado al cerebro y a las imágenes?

¿Dónde el furor de esas ideas
que giran cada día
en tanta mente creadora?
¿Dónde el saber
de las mentes frías,
potenciales,
dueñas de la sabiduría de los años?

¿Dónde?

INCÓGNITA

Até la vida a mis afanes.
Cuando intento hacerla caminar
se adueña de mi cuerpo.

Tengo también a la muerte
lamiéndome las manos.
Me sorprende su estertor sibilante,
su presencia sin vestido
y su sonrisa camuflada.

Somos los dioses de las cosas imprevistas,
del nacer o del morir.
La vida y la muerte
están en la zaranda
de lo visible y lo invisible.

Incógnita
plena de respuestas inconclusas
por las decisiones del mundo,
de los que nacieron ayer,
y de los que morirán mañana.

Vida y muerte,
dualidad de nuestra existencia.

BÚSQUEDA

El tiempo me ata,
seduce el camino que mi deseo dibuja
y lentamente,
los segundos y su tic tac cadencioso,
me adormecen.

Es el tiempo,
maravilla que se riega por mi ser
y cae como caen las sombras
a la altura de mis pies.

Tiempo que ha vuelto añejas mis manos,
mientras mis abriles
recorren todas sus distancias
hasta sentir los cuchillos del sol.

En su tránsito
busqué libre las metáforas,
en cada palabra y en cada pregunta.
Sólo encontré a la lluvia.
Busqué entonces la ausencia,
los instantes, los caminos,
todo estaba caliente, todo errante.

Entonces comprendí.
El tiempo no era mío.

CREACIÓN

Fuimos creados
después de la vorágine del diluvio
para vencer las aguas y reconocer la claridad.
Para descifrar
la ecuación del tiempo
y traducir
de cada una de las horas,
la metáfora de la sombra o la luz.

Diseñados para vencer
el pensamiento,
la miseria y la codicia,
mientras morimos lentamente.

Nos crearon
para llenar el cántaro de la justicia
de aguamiel y esperanza
y disfrutar la sonrisa
y el llanto también.
Fuimos modelados
de un barro único, aromoso,
azabache,
con ojos que miran por las rendijas
de un mundo que fue azul.

Humanos que buscan el lugar
donde sólo se llega con paciencia,
un mundo para escoger.

VERDADES

Las cosas,
son imágenes reales
repartidas
entre la sabiduría que se escapa
y el misterio que encierra la verdad.

Más que formas
son transparencias impresas en la vida,
o palabras escritas que enseñan
los ideales consumados por el verbo.

Las cosas
son la realidad del mundo,
universos impresos en la memoria humana.
Son lo justo de lo incomprensible,
el momento que enseña,
el juego de las formas
sin figura,
creaciones sin nombre.
Las cosas son las imágenes de tu ser.

INEXORABLE

El tiempo es un espacio cruel,
arrastra lo creado hacia el olvido.
Es así,
eterno, incansable, sin figura.

Construye con paciencia
a solicitud de su reloj.
Inocentes o no,
sin percibirlo
abordamos su vorágine

La puerta que lo trasciende se abre
y ciega nuestros impulsos.
Nos conduce a lo que él construye,
imágenes acompasadas
entre péndulos disonantes.

Nos enseña
la verdad inexorable
de nuestras debilidades.
Nos permite darnos cuenta
de que la lluvia nos alcanza a todos.

Es así,
aún en la noche
es una nada de nadie,
es simplemente tiempo,
astilla del aire
que la maneja un minutero.

AURAS

Las auras del quehacer humano
son mis amigas.
Las guardo
en mis ojos
para sorprender al sueño.

Ellas someten al insomnio,
lo recubren,
como si fuera niño sin pañales,
o montaña desnuda
en busca de ropaje.

Ellas saben que nosotros
los hombres,
somos dioses imperfectos,
travesuras orquestadas en el eros.

Somos mentes enarbolando pensamientos
para jugar con las ideas
y convertir la existencia
en un gozne de verdades.
Somos carne, espíritu,
raíz de un tallo a repartir,
no conocemos las reglas del principio,
pero sí viviremos su final.

ECUACIÓN

Una ecuación de desaciertos
fue lo que quedó
después del aguacero.
Una noche agredida,
un aire huérfano,
una luz apagada
y un teorema sin resolver.

¿Quién entonces arrebatará
a las horas
tanta ilusión desvanecida?
¿Quién, en su locura,
tocará la puerta de la razón
esperando resultados?

¿Quién resolverá la ecuación del mundo
para que sea más humano?
Nadie se atreverá,
nadie querrá herir a la vida
y tener que morir también.

Sólo nos queda esperar
la respuesta de las incógnitas.

Acordes para el alma
Adagio

SOMOS

Caminamos entre sombras
como si fuéramos visiones
o lluvia recién caída,
dioses de un crepúsculo
libre y abandonado,
que deja en las ventanas
el vaho de la espera.

Somos el torrente del río,
marejada de conchas desocupadas.
Somos la inocencia
de todo amor sin nacer.
Entes vulnerables
que calientan las mantas
del apetito
que se acumula en la piel.

Somos cuerpos afanosos
pendiendo de los hilos del misterio,
Arcanas figuras nacidas
entre noches de sobrada plenitud
Seres pensantes, divinos.
Simplemente barro.

ENIGMAS

La sonrisa de la gloria
es corona de laurel
o medalla que oprime
el silencio de un pecho.
Sonrisa que coloca al hombre
en los episodios del mundo.

El que vence,
de letras grandes llena los periódicos,
abraza su grandeza en las revistas
y duerme su alegría entre la espera.
El que pierde, se queja.
No puede deshacer
el misterio que lo habita.
Sabe que, aunque grite,
el mundo no lo escuchará.

Hombres que son enigmas alados,
que sonríen despacio,
pues su boca,
que maldice o bendice los instantes,
ya no puede pronunciar palabra.

Solo les queda recordar
que fueron héroes o vencidos,
imágenes de sal
dispersas en el océano del mundo,
donde todos tienen su enemigo:
su propia vanidad.

NEGACIÓN

Ahí, donde la carne siente soledad
y la vida
abraza las imágenes transparentes,
hay turbulencias
que desordenan el cielo que nos corresponde.

Los torbellinos humanos
claman por la vida,
por la humedad de la ceniza
y por el aire que reposa
dormido entre las hojas.
Oran en resguardo de la memoria.

Todo está tatuado en la pared,
para que los fantasmas sin sombra
se arrodillen
y clamen por la palabra.

Las respuestas acorralaron mis preguntas
y lo que tenía que ser contexto,
se volvió negación,
sombras plenas de mentira.

Así, la noche de los hombres
se vuelve más oscura,
pues no quiere morir.

INTERROGANTES

¿Por qué hay tantos instantes
plenos de imágenes que nacen
con la sola mirada del viento?

¿Por qué solo de esta forma
se logra entender
las azules transparencias de la mirada?

¿Por qué en cada gramo de existencia
hay miles de preguntas
sin respuesta todavía?

¿Por qué hoy
la confianza, el saber y la oración
son nada más que ruego?

La vida
marca esos caminos
donde la sorpresa es su roca.
Yo me pregunto:
¿por qué?

IMÁGENES

La puerta se abrió.
Ataviadas, una a una, desfilaron
las noches mañaneras
y las mañanas nocturnas.

Ambas querían cambiar los ecos de la palabra,
el sentido y la verdad.
El reloj se había vuelto quejumbroso
y las horas pasaban sin respuesta alguna.
Así la verdad se convirtió en mentira.

Detrás de la puerta quedaron
las imágenes difusas
de todos los que aún dormían,
los inútiles, los creativos,
los que dicen conocer la Esencia
y los que en verdad la conocían.

Humanos todos,
aún sin despertar.

RECONOCER

En el último atardecer
del pensamiento,
el hombre devuelve su esencia
a esa fuerza intangible que lo creó.

Se inicia así su juicio.
El reconocer la muerte de los celajes,
el insomnio del ocaso,
su fin.

Es el instante que precede al no existir.
A ser un espíritu
sin pisadas ni angustias.
Al hacer fila
para reclamar la luz y su sentencia.

Es el juicio final del hombre.
La Esencia le mira los ojos,
pregunta,
justifica,
perdona.

Lo viste de blanco.
Lo abraza.

SER

Cada hombre es,
según su fecha de nacimiento,
un signo en el horóscopo.
Algunos plenos de todo,
incluyendo el hablar con Dios
y otros, héroes ya sin nombre.

Algunos sonríen o lloran,
según sus manos atesoren las imágenes,
o el hambre camine por su vientre.

Cada hombre
es un reloj eternizado
que destruye paso a paso
los segundos
y se pierde entre las horas.

Tiempo desgastado
por la lima de las formas humanas
que se vuelven cicuta para los almanaques.
Muerte sin respuesta ni sentido.

Cada hombre es tierra,
fértil o estéril.
Polvo al fin.

Insomnio

Amaneció.
Del insomnio no hay recuerdos.
Las formas que atravesaron la mente
abatieron el amanecer
y no es posible recordar nada.

Todo se convirtió en vorágine
y en misterio.
El sueño despertó temprano,
más allá de la zozobra,
y tratando de que la luz no trascendiera.

Las reminiscencias de lo vivido
delinearon el paradigma
de todo lo que se había manifestado.

Eso y más
fue el recuerdo de la angustia
que se vive al tratar de despertar
en el único amanecer
capaz de vencer la noche y el misterio
cuando éstos no reconocen la luz.

Descanso y respiro
Scherzo

GOTAS

Gotas,
esperanza nacida en la tormenta,
cayendo, salpicando, acostándose
como agua cansada de viajar.

Gotas,
figuras de círculos abiertos
que levantan el polvo de mi calle,
claras como la luz
que se desliza con la suavidad del viento
sobre mi anhelo.

Gotas.
misterio que llora desde lo alto,
lava la desidia de mis poros
y refresca la fatiga de mi andar.

Dueñas del tiempo y del momento
mojan los instantes que aparecen
después de las silampas ofrecidas.
Gotas,
humedad sin reparos ni calendario,
océano que cautiva
la tierra, las arenas y el ayer.

SOMBRA Y LUZ

¡Amaneció!
El eco de la noche
que huye quejumbrosa,
resguarda los minutos de luz
que aparecen entre la niebla.

De aquí y de allá caen trémulas
las gotas de rocío
que tratan de esconderse
en la cama verde del amanecer.

La flauta del viento despierta las horas
y la paciencia se derrama
como la sombra en fuga
de los árboles abrazados por el sol.

¡Amaneció!
El abrazo extiende su plegaria,
las manos aprietan sorprendidas,
los labios se juntan, nace el beso
y la luz se esparce como el agua.

Alegría.
¡Amaneció!
Los que anoche solo éramos sombra,
hoy somos sinfonía.

ES LA HORA

Es tiempo de recoger
lo que en la tierra germinó.
Tiempo de repasar las omisiones
para no regresar
a reclamar el color a la tarde.

Tiempo para reciclar el pasado
y recoger de nuevo la cosecha.
Es tiempo de todo,
de guardar los frutos recogidos,
de llorar, de vivir.

De admirar los colores
que viajan dentro de los celajes
y tiñen de sombras el ayer.

Medir el suspenso de las horas
que envejecieron junto a mí,
repartir los acordes de mi armonía,
reclamar el hoy
y sembrar más canas en mi sien.

PÚRPURA

Roja,
inquieta, dispuesta,
y con sabor a sangre
corre por la arteria.

Es el grito del hombre
que extravió su libertad.
Es el crujir del silencio
que entre las voces calladas
perdió su inocencia.

Fuerza
que nace en el verano
y muere en el invierno.

Roja, sí,
como cada mirada incierta
que recorre el nervio del hombre
y lo vuelve fértil.
Circula en nuestras venas
como si fuera rocío
o simplemente color.
Nos trasciende.

LOS OJOS DEL POETA

La noche murió,
urgida de silencios.
El poeta no debe morir
aunque ya no exista la noche.

No hay respiro
en esta soledad del sacrificio.
Aquí, igual que en la distancia,
sólo hay sombra
y los ojos buscan algo
que sólo el poeta puede ver.

Todo aquel
que en silencio,
nunca disfrutó una lágrima,
está muerto como la noche
y aunque despierte en la oquedad del tiempo,
no es poeta.

Sus ojos seguirán vacíos
y su palabra será simple silampa.
Su única metáfora exhibida
será el no poder reír.

Yo, el poeta,
me encuentro entre los vivos.

INTROSPECCIÓN

¿Qué hay dentro de mí?
No lo sé.
Mi vocación de hombre tiembla.
Me grita el animal que llevo dentro
y me niego a sentirme como él.

¿Soy acaso
aquel que cambió la pregunta
por un trozo de razón,
y vendió los inviernos
a mil aguaceros cada uno?
¿Soy ángel o demonio?

El grito de mi confusa existencia
se escucha cuando la sangre trasciende
y gota a gota sacude el error
impreso en mis costados,
como si fueran instantes dispersos
que me descifran.
Me confundo cuando pienso
en las aceras de mi conciencia,
siento que mi plumaje de pájaro agresivo
tiene más piel de hombre que de ave.
Clamo por ello.
Pero hay en mi presencia,
un dilema aún sin resolver:
los tenues laberintos
en que se mueven confundidos
el bien y el mal.

MAREA EN LOS OJOS

Lágrimas,
pleamar viva en los ojos.
Flujo o reflujo creado
en el momento del amor,
del abrazo o del despido.

Llovizna que asoma por quien nace,
tormenta de dolor por quien nos deja,
brizna de gozo por el triunfo
y también por la derrota.

¡Lágrimas!
Silampa por el pan que no amanece,
por el vestido descosido
y la aguja perdida en el pajar.

Miradas dulces por la tierra arada,
por los rayos de sol que la acarician
y por la lluvia que la humedece y la dispone.
Acontecen lágrimas en todo.

A LA SOMBRA DE MIS POEMAS

Soy un hombre como todos,
agradecido con mis huesos,
mis entornos y mi piel.
Quiero beber a sorbos
la sal de los océanos
y dejar que las mareas me trasciendan.

He vivido entre el oleaje,
como si fuera viento que se esconde
cargando sobre los hombros,
la curvatura de las olas
y su sangre de pátinas azules.

Mas a la sombra de mis poemas
descansan las metáforas del agua,
y en esta transparencia
todo hombre es:
coral, cetáceo, pececillo o marea,
y encontrará debajo de su piel
su vanidad,
sus años
su cansancio.

CAOS

Encontré al mundo sin memoria,
recostado a la orilla de la tarde,
desnudo, con frío y sin reloj.
Me habló de incoherencias,
de las noches
y de las silampas nacidas al amanecer.

Era una metáfora sin sentido,
un caos sin pensamiento,
lleno de furia.

No lo pude cargar sobre mi espalda.
Entre sus desafíos no hallé
la memoria de su extenuado cuerpo.
No logré retenerlo,
no tengo la fuerza
que su nombre necesita.

Por eso lo dejé donde estaba,
solo, sin estrellas,
recostado a la orilla de la tarde.

NACER O MORIR

Fuimos creados casi eternos.
Nacemos desde la sombra
como si fuéramos siluetas
o vidas para siempre.

Dioses del crepúsculo
libre y abandonado,
en la paz del río
junto a la miel de las abejas.

Somos los cuerpos desnudos
de todo ente al nacer,
vulnerables
y con frío entre la piel.

Seres ansiosos
de respuestas desbordadas.
Humanos que desean
noches sin principio,
sin tiempo,
sin fin.

Dueños de todo y de nada.
Guerreros sin espada y sin yelmo,
humanos con piel de mariposa
pero sin alas para volar.
Somos eso,
estructuras de carne al nacer,
Creadas para morir también.

LIBERTAD TANGIBLE

En las tardes mal escritas,
plenas de instantes bárbaros,
mis poemas son libertades tangibles
y hombres como yo
siguen el vuelo del inquietante atardecer.

Quiero iluminar lo secreto, lo sombrío,
llenar de brisa las ideas
y de melodías el pensamiento.

Buscar la paz entre la paja ajena,
recoger las horas,
las noches
y las mañanas nuevas.

Ser espiga renovada,
esencia pura,
volar en mi propia claridad.

Fin del embeleso
Allegro fortissimo

A Julieta,
compañera de jornadas abiertas
y entornos transitados,
numen que llegó con la sonrisa del tiempo.

HUMEDAD

Pienso en tu piel
cada vez que respiro
esas ganas
de anclarme en tus misterios.
Ser como el viento
que te recorre y trasciende.

Escucho al deseo
en todas mis esquinas
pero yo soy así,
humedad que te invita
al juego del eros,
a cerrar los ojos
y a disfrutar en silencio
el aroma a placer.

En tu boca,
el amor es capaz de germinar
y pienso
que puedo gozar de tu verdad.

Tu carne se transforma
después de cada beso.
Despacio,
cierro los ojos y me dejo amar.

La luna escribió mi nombre en tu piel.

Mil sinfonías
nos reciben en la cumbre del deseo.

CANCIÓN MARINA

Dentro de tu cuerpo silente
se abrió paso mi poema.
El viento recorrió el espacio de hoy
y las luciérnagas
iluminaron tu invierno.

Mis manos suavizaron el rocío
que tu cuerpo traducía en fuga
y fuimos hierba, árboles y amantes.
Nació así una fogosa
forma de concebir el amor.

El espejo selló nuestro acuerdo
y te convirtió en sendero florecido,
mientras el miedo al amor
se diluyó entre las sábanas,
dejando que el deseo
se vistiera en medio de la luz.

El mundo nos reclamó
el llanto de los bosques,
pero juntos alzamos la metáfora,
porque tú y yo
hacemos que los árboles
lloren hacia adentro.

No hay regreso.
Somos mar con olor a sal
mecidos por el oleaje.

GOLONDRINA VERANERA

Eres golondrina
que habita mi silencio,
mi poesía,
mi metáfora de colores irisados.

Existes junto a mí
plena de mañanas y de silbos,
melodía de ritmos y compases
que sobrepasan la quietud,
interrumpida
por el canto de las aves del crepúsculo.

Tu presencia
invade la acuarela del parque
donde nuestra tarde germinó,
amor que nos envuelve
en el confín de la mirada
mientras nacen, inquietos, nuestros besos.

Entonces, amor,
hagamos que el ocaso
irrumpa en la ventana,
cambie el arco iris
de nuestro encuentro vespertino
y junto al cuyeo y los cocuyos,

hagamos de la noche
una tarde nocturna,
y en cada estampa de las sombras
digamos sí
a la sorpresa del encuentro.

Nosotros

Qué importa el tiempo que se pierde
como humo o viento irreverente,
las horas agotadas
o los almanaques que ya no tienen días.

Qué importa la juventud vencida
o el tiempo que envejeció en nuestras manos.
Tú y yo, con la cabeza blanca,
somos aves
construyendo nido propio
en las ramas de la vejez.

Somos instinto
premiado por el tiempo,
germen en el universo que produce vida,
eternidad disuelta,
azogue.

Entonces,
qué importan la noche, la mañana, o la tarde.
Tú y yo descubrimos
cómo acomodar el silencio,
en la boca del amor.

Y en la tempestad que se desata en nuestra piel
levemos anclas,

Sinfonía del ayer

fijemos el rumbo de la proa
y con el viento en popa,
seamos delfines desbocados.
El rumbo es la vida,
la distancia, es inconclusa.

SURCOS

Búscame,
que en el constante respirar de la promesa
hay noches extrañas
e instantes llenos de sorpresas.
En el sueño y en el despertar
encontraremos a la palabra reposando,
ella es así:
espera, retiene, pronuncia.

En todo momento clama con coraje
por las horas y los rincones
donde duerme el pensamiento
y descansan las certezas;
recorre la esencia del papel
manchando de tinta su vestido.

Por eso, búscame,
para que puedas junto a mí
llegar temprano al reparto
de las metáforas,
porque hoy es el día
de la siembra
y los surcos gestarán este poema.

En él, las cenizas del ayer
serán nuevas estrellas,
universos plenos de luz,
alegría que nace del encuentro
de tu voz con la voz de otro poeta.

NUEVA MUJER

Tu mañana
ilumina la palabra
descrita en tu mirada.
En ella hay presagios.

En tu imagen de oleaje agradecido,
hay mareas de reflujo que sorprenden
y en ellas encontré las caracolas púrpuras,
que viajan lentamente hacia la orilla.

En tu metáfora
repartida en versos,
encontré en cada sílaba
la unidad de tu palabra.

Y de tu piel cansada por el tiempo
germinaron los abrazos,
mientras tu gozo
permitía a la ventana
ser testigo de tu renovado amanecer.

Aroma de tu ser

Yo quise quedarme
con el halo de la noche,
mas no pude sostenerlo entre las manos
porque su cuerpo transparente se escapaba.

De repente, desde la penumbra,
se iluminó el misterio de mi congoja.
El halo dejó de ser cosa
y fue figura.
Fue luz sin transparencia.
Fue mujer.

Momento que se aviva
ante el miedo de mi sangre,
cada vez que te recuerdo oculta.

Los poemas nacidos en el halo
tienen el mismo aroma de tu ser
y la sinfonía que acompaña tu sonrisa
es un *crescendo* imposible de callar.

Nosotros somos el mundo
y mientras todo gravite,
mi poema te volverá inmortal.

FIRMA MI PIEL

Tú,
mujer que encontró su figura de selva
en el silbo de los cipreses.
Mujer agradecida
con las luciérnagas y las golondrinas,
que ayudan a las arañas a tejer
su vestido de niebla,
permítele al viento teñir la tarde
de malva y claroscuros
y deja que la lluvia descanse
antes de que nazca el aguacero.

Tú, la que domina el tiempo
y la arena roja de mi cuerpo,
firma en mi piel,
para que el amor sea magia entre nosotros.

Hoy amanecí con ganas de amar
y encontré
que los aleros que sostienen tu mirada
son de roble injertado
y florean aún en el otoño.

Por eso, firma.
Mi piel traducirá en verdades
los miedos de la sangre,
y como el ave,
renaceremos desde el fuego.

Mi Sherazade

En la noche que nos asiste,
los poros de tu piel
giran entre las sábanas

Ahora
tu imagen de Sherazade,
atada al instinto desbordado
que sostiene tus apetecidas noches
y las mil y una virtudes profanas,
serán tus eternos fantasmas.

Buscas los hijos en la transparencia
de los musgos de la nada
y te orlas con rubíes la frente,
mientras cubres tu desnudez
con el soplo de mi aliento.

Hoy,
el aire reposa en el recuerdo
y lo real es una historia artesonada.
La espera descubrió tu nombre
y junto al color de la nostalgia
te convertiste en pájaro,
porque necesitabas olvidar la tragedia
en que reposas.

Hoy,
las mil y una noches duermen con nosotros.

NUEVO FRUTO

Pleno de inquietante transitar
planté la semilla de la vida
en la tierra prodigada.

La puse en el quehacer de las venturas
y la lluvia la llenó de riegos atardecidos.
Le di por mansión mi ser
y las noches y los días por aliento.

De sabrosa subsistencia
llené su cáliz cada mañana
y puse en sus raíces
la savia que le faltaba.

Creció.
Se adueñó de las horas
y del huerto compartido.
Los inviernos cambiaron su belleza por semilla.
Se llenó de brotes y de flores.
Ahora el mundo tiene semillas nuevas
para llenar montañas y océanos,
y esparcir el amor.

AVIDEZ

Desnudos,
descansando sobre las sábanas
jugábamos con el instinto.
El momento nos invitaba
a compartir la sed que se atesora
cuando se abrazan los cuerpos.

Sólo faltaba que algo
avivara el fuego
sobre la piel,
el impulso,
el movimiento silente,
sin límite.
La oscuridad lo trazó
y jugamos con la noche.

Luego un silencio y una paz entrelazada
con sábanas, sueño y luciérnagas.
Sí, todo fue nuestro.

EL GRANO DEL AMOR

El amor se reparte
como gotas de lluvia
Se desgaja
en mitades de invierno.

Es cosa que se reparte
como el silencio en la boca,
cada sueño es amor en ciernes.

Es algo que herido
sigue caminando en busca
de los pájaros de enfrente,
porque sus alas
son capaces de sostener al viento.

Rompe los principios
para dar paso a la verdad que busca,
pues ninguna sinfonía
es capaz de igualar su trascendencia,
 ni sus notas son capaces de romper
su perfección.

El amor espera la humedad
para disfrutar las flores
nacidas en la paciencia
y regarlas con el río que fluye
del poema.

Hurga en la ceniza
el calor de los abrazos
y en la quietud de la piel
convierte
las ataduras del asombro
en voces.

El amor es así,
un azul que transforma.

SINFONÍA

Hay música en todos los silencios,
ecos alegres, ligeros,
ruegos de notas
ligadas una a una entre compases.

Musas sonoras.

Sinfonía del infinito
curvado, abstracto, armonioso.
Momento de acordes liberados
que se guardan en el sosiego de la espera.

Música de lo abisal.

Un *allegro moderato*
rápido, vibrante, sostenido
en función de la consonancia
que invade con fuerza,
e invita a soñar.

Sinfonía candente.

Negras, blancas y corcheas
que danzan en el viento.
Un *adagio* que arremete lento,
andante con moto
que calma la furia del *allegro*
mientras llega el *scherzo sublime* que trasciende.

Sinfonía sublime

De su calma despierta el *allegro fortísimo*,
rápido, dinámico, estimulante
que pone fin al embeleso.

Música por siempre.

EPÍLOGO

En el presente poemario encontré a un ser humano que, en plena madurez, realiza una introspección profunda, como la que solo se hace cuando uno es consciente de que los años no continúan eternamente.

Sus preguntas ontológicas sobre la vida, el ser, origen, destino misión... calan profundo e invitan al lector a verse en ese espejo que penetra el alma como laparoscopio y que solo nos atrevemos a usar cuando nos ponemos el traje de la intrepidez. Es difícil desnudar el yo profundo ante uno mismo y es, todo un acto de valentía cuando se imprime en papel y se ofrenda a los demás.

Así también, entre atardeceres y silencios, el poeta dibuja el regocijo de su amor recién descubierto y canta a su compañera toda una partitura en la presente sinfonía.

Sus reflexiones están envueltas en un pulido lenguaje poético con derroche de plasticidad y ritmo, lo cual hace que la temática fuerte, sea asequible a un público que presuma comprender que "no solo de pan vive el hombre" y esté interesado en que su experiencia en este mundo no sea trivial.

Sea pues, que esta "Sinfonía del ayer" un deleite literario para el día de hoy y un reto personal para enfrentarse cara a cara con uno mismo.

ANA PATRICIA URRUTIA PÉREZ
Poeta guatemalteca

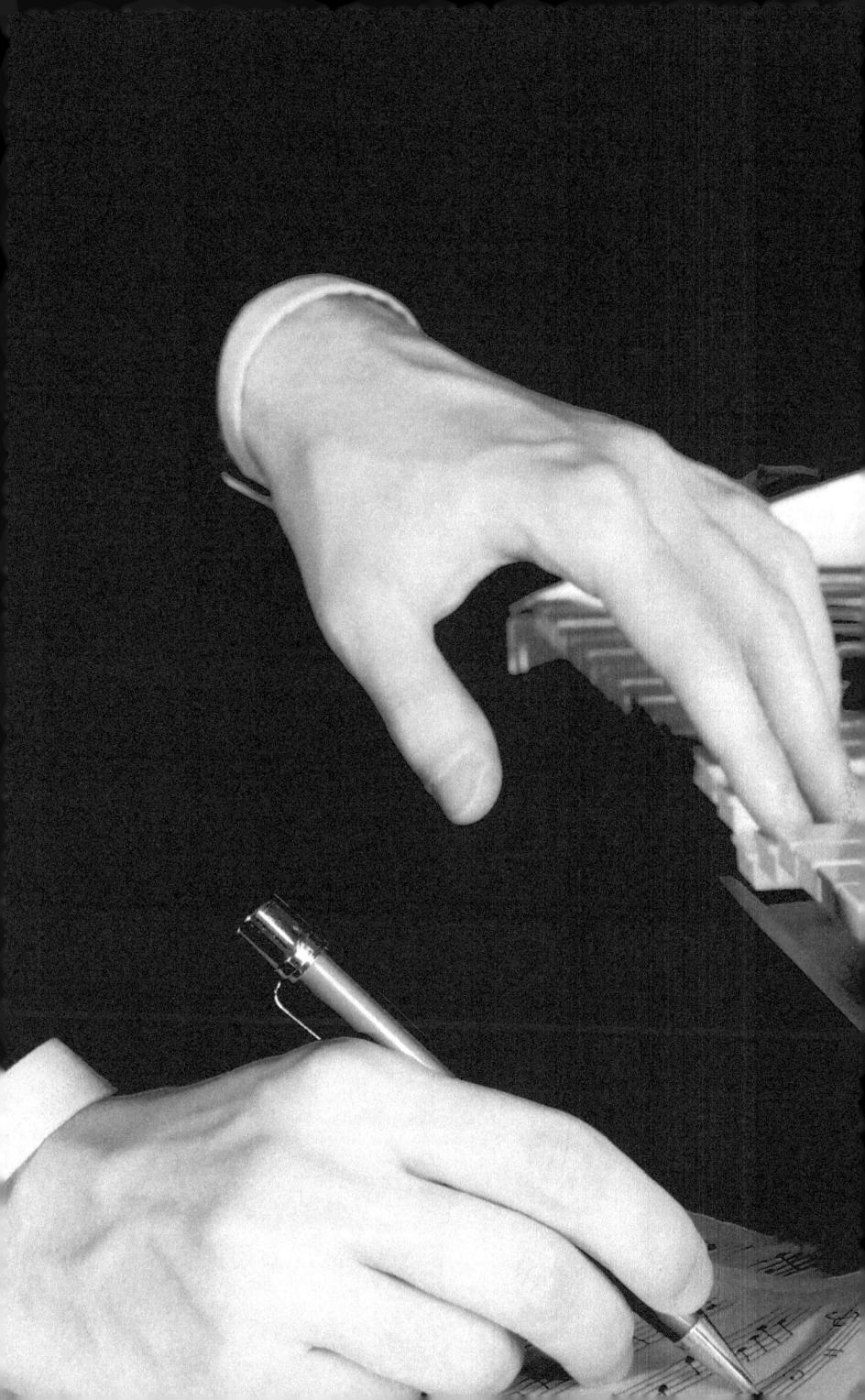

ACERCA DEL AUTOR

Carlos Enrique Rivera Chacón nació en Cartago, Costa Rica, el 12 de abril de 1942. Poeta, maestro en Educación por la Universidad Nacional. Cofundador del Círculo de Poetas de Turrialba, junto con Jorge Debravo, Laureano Albán y Marco Aguilar. Miembro del Grupo Literario Poiesis, del Movimiento Turrialba Literaria y del Colectivo Letras sin Fronteras. Algunos de sus libros publicados son *Semilla de camino* (1960), *El milagro de mis manos* (1960), *Pequeñeces* (1962), *Agudo atardecer* (1985), *Instantes Azules* (2014), *El invierno que faltaba* (2017) y *Raíces de la tarde* (2018).

ÍNDICE

Sinfonía del ayer

Palabras del autor · 13

Buscando la alegría. *Allegro con spirito*
Hermanos · 21
Epístolas · 22
Incógnita · 23
Búsqueda · 24
Creación · 25
Verdades · 26
Inexorable · 27
Auras · 28
Ecuación · 29

Acordes para el alma. *Adagio*
Somos · 35
Enigmas · 36
Negación · 37
Interrogantes · 38
Imágenes · 39
Reconocer · 40
Ser · 41
Insomnio · 42

Descanso y respiro. *Scherzo*

Gotas · 45
Sombra y luz · 46
Es la hora · 47
Púrpura · 48
Los ojos del poeta · 49
Introspección · 50
Marea en los ojos · 51
A la sombra de mis poemas · 52
Caos · 53
Nacer o morir · 54
Libertad tangible · 55

Fin del embeleso. *Allegro fortissimo*

Humedad · 63
Canción marina · 64
Golondrina veranera · 65
Nosotros · 67
Surcos · 69
Nueva mujer · 70
Aroma de tu ser · 71
Firma mi piel · 72
Mi Sherazade · 73
Nuevo fruto · 74
Avidez · 75
El grano del amor · 76
Sinfonía · 78
Epílogo · 79
Acerca del autor · 85

Colección
VIVO FUEGO
Poesía esencial
(Homenaje a Concha Urquiza)

1
Ecuatorial / Equatorial
Vicente Huidobro

Colección
CUARTEL
Premios de poesía
(Homenaje a Clemencia Tariffa)

1
El hueso de los días.
Camilo Restrepo Monsalve
-
V Premio Nacional de Poesía
Tomás Vargas Osorio

Colección
PIEDRA DE LA LOCURA
Antologías personales
(Homenaje a Alejandra Pizarnik)

1
Colección Particular
Juan Carlos Olivas

2
Kafka en la aldea de la hipnosis
Javier Alvarado

3
Memoria incendiada
Homero Carvalho Oliva

4
Ritual de la memoria
Waldo Leyva

5
Poemas del reencuentro
Julieta Dobles

6
El fuego azul de los inviernos
Xavier Oquendo Troncoso

7
Hipótesis del sueño
Miguel Falquez Certain

8
Una brisa, una vez
Ricardo Yañez

9
Sumario de los ciegos
Francisco Trejo

10
A cada bosque sus hojas al viento
Hugo Mujica

Colección
PARED CONTIGUA
Poesía española
(Homenaje a María Victoria Atencia)

1
La orilla libre / *The Free Shore*
Pedro Larrea

2
No eres nadie hasta que te disparan /
You are nobody until you get shot
Rafael Soler

***

Colección
CRUZANDO EL AGUA
Poesía traducida al español
(Homenaje a Sylvia Plath)

1
The Moon in the Cusp of My Hand /
La luna en la cúspide de mi mano
Lola Koundakjian

2
And for example / *Y por ejemplo*
Ann Lauterbach

Colección
MUSEO SALVAJE
Poesía latinoamericana
(Homenaje a Olga Orozco)

1
La imperfección del deseo
Adrián Cadavid

2
La sal de la locura / Le Sel de la folie
Fredy Yezzed

3
El idioma de los parques / The Language of the Parks
Marisa Russo

4
Los días de Ellwood
Manuel Adrián López

5
Los dictados del mar
William Velásquez Vásquez

6
Paisaje nihilista
Susan Campos Fonseca

7
La doncella sin manos
Magdalena Camargo Lemieszek

8
Disidencia
Katherine Medina Rondón

9
Danza de cuatro brazos
Silvia Siller

10
Carta de las mujeres de este país / Letter from the Women of this Country
Fredy Yezzed

11
El año de la necesidad
Juan Carlos Olivas

12
El país de las palabras rotas / The Land of Broken Words
Juan Esteban Londoño

13
Versos vagabundos
Milton Fernández

14
Cerrar una ciudad
Santiago Grijalva

15
El rumor de las cosas
Linda Morales Caballero

16
La canción que me salva / The Song that Saves Me
Sergio Geese

17
El nombre del alba
Juan Suárez

18
Tarde en Manhattan
Karla Coreas

19
Un cuerpo negro / A Black Body
Lubi Prates

20
Sin lengua y otras imposibilidades dramáticas
Ely Rosa Zamora

21
El diario inédito del filósofo vienés Ludwig Wittgenstein /
Le Journal Inédit Du Philosophe Viennois Ludwig Wittgenstein
Fredy Yezzed

22
El rastro de la grulla / The Crane's Trail
Monthia Sancho

23
Un árbol cruza la ciudad / A Tree Crossing The City
Miguel Ángel Zapata

24
Las semillas del Muntú
Ashanti Dinah

25
Paracaidistas de Checoslovaquia
Eduardo Bechara Navratilova

26
Este permanecer en la tierra
Angélica Hoyos Guzmán

27
Tocadiscos
William Velásquez

28
De como las aves pronuncian su dalia frente al cardo /
How the Birds Pronounce Their Dahlia Facing the Thistle
Francisco Trejo

29
El escondite de los plagios / The Hideaway of Plagiarism
Luis Alberto Ambroggio

30
Quiero morir en la belleza de un lirio /
I Want to Die of the Beauty of a Lily
Francisco de Asís Fernández

Colección
SOBREVIVO
Poesía social
(Homenaje a Claribel Alegría)

1
#@nicaragüita
María Palitachi

***

Colección
LABIOS EN LLAMAS
Poesía emergente
(Homenaje a Lydia Dávila)

1
Fiesta equivocada
Lucía Carvalho

2
Entropías
Byron Ramírez Agüero

3
Reposo entre agujas
Daniel Araya Tortós

10
Intimidades / Intimacies
Odeth Osorio Orduña

11
Sinfonía del ayer
Carlos Enrique Rivera Chacón

12
Tiro de gracia / Coup de Grace
Ulises Córdova

13
Al olvido llama el puerto
Arnoldo Quirós Salazar

***

Colección
MUNDO DEL REVÉS
Poesía infantil
(Homenaje a María Elena Walsh)

1
Amor completo como un esqueleto
Minor Arias Uva

2
Del libro de cuentos inventados por mamá
La joven ombú
Marisa Russo

Colección
TRÁNSITO DE FUEGO
Poesía centroamericana y mexicana
(Homenaje a Eunice Odio)

1
41 meses en pausa
Rebeca Bolaños Cubillo

2
La infancia es una película de culto
Dennis Ávila

3
Luces
Marianela Tortós Albán

4
La voz que duerme entre las piedras
Luis Esteban Rodríguez Romero

5
Solo
César Angulo Navarro

6
Échele miel
Cristopher Montero Corrales

7
La quinta esquina del cuadrilátero
Paola Valverde

8
El diablo vuelve a casa
Marco Aguilar

9
El diablo vuelve a casa
Randall Roque

Colección
VEINTE SURCOS
Antologías colectivas
(Homenaje a Julia de Burgos)

1
Antología 2020 / Anthology 2020
Ocho poetas hispanounidenses / Eight Hispanic American Poets
Luis Alberto Ambroggio

***

Colección
MEMORIA DE LA FIEBRE
(Homenaje a Carilda Oliver Labra)

Para los que piensan, como Waldo Leyva, que "la palabra ha llegado al extremo de la perfeción", este libro se terminó de imprimir en junio de 2020 en los Estados Unidos de América.

www.ingramcontent.com/pod-product-compliance
Lightning Source LLC
Chambersburg PA
CBHW021915180426
43198CB00035B/694